BOA

*Ouve,
Busca
e Fala*

*O tarô: um conjunto de cartas
que usa o simbolismo visual como portal
entre o subconsciente e a mente consciente.*

**O TARÔ DO DIVINO USA DIVINDADES, FOLCLORES,
CONTOS DE FADAS, MITOS E LENDAS DE TODO O MUNDO
PARA REPRESENTAR OS DIFERENTES TEMAS
DE UM BARALHO TRADICIONAL DE TARÔ.**

Este baralho foi criado para homenagear as histórias que, ao longo do tempo, contamos uns aos outros em várias culturas. Embora as histórias pertençam a momentos e locais específicos, todas as culturas falam de jovens aventureiros e brilhantes, de passagens proibidas ou terras prometidas. Assim, o *Tarô do Divino* promove a valorização de nossas diferenças e da verdade contida em nossas semelhanças.

Enquanto algumas histórias são familiares para o leitor ocidental, muitas outras são novas. Algumas são curtas e doces, outras são trechos de grandes épicos. Este livreto traz a indicação dos contos que inspiraram as cartas e seus respectivos países de origem. Pode-se dizer que é uma pequena janela para outras culturas. Para conhecer as histórias completas, confira o livro *Beneath the moon*[*] [Sob a Lua], que complementa o baralho[**].

[*] Ainda sem edição em português. (N.E.)
[**] Em seu livro de aprofundamento, *Beneath the moon*, Yoshi Yoshitani compartilha que a sua história familiar lhe permitiu crescer em uma mescla de culturas de origens distintas, oriental e ocidental. E isso repercutiu nas origens dos contos e das histórias que ouviu. Alguns dos contos que deram origem a este baralho têm mais de uma versão conhecida, com origens distintas, como *A Bela e a Fera* e *O rouxinol*. Muitas delas são difíceis de definir, especialmente por terem sido transmitidas em uma determinada cultura, porém narrando acontecimentos de uma cultura diversa, ou ainda tendo se originado de uma terceira cultura distinta. Na medida do possível, Yoshi procurou indicar neste livreto o ponto de origem das histórias a partir das versões que lhe serviram de inspiração. (N.E.)

COMO LER AS CARTAS DO TARÔ:

No tarô, cada carta tem um significado particular, porém, em uma leitura, a parte mais valiosa talvez seja a intuição de quem a faz. Embora este livreto ofereça sugestões interpretativas para cada carta, as conexões pessoais com as imagens e histórias feitas pelo leitor são igualmente importantes.

OS ARCANOS MAIORES representam o que costuma ser chamado de "a jornada do Louco", com cada carta representando um arquétipo ou obstáculo de nossa jornada em busca de conhecimento. As cartas 1 a 21 representam a odisseia do herói, da criança ingênua ao adulto autorrealizado. A carta 0, o Louco, representa o próprio herói. Em seu conjunto, essas cartas são consideradas poderosas e ligadas à vida. E, por isso, muitas pessoas utilizam apenas estas 22 cartas em suas leituras.

OS ARCANOS MENORES são um conjunto de 56 cartas, divididas em quatro naipes. Representam momentos menores da jornada do Louco. A exploração da interseção entre os significados dos naipes e dos números (veja a seguir) facilita o entendimento destas cartas.

OS NAIPES:

COPAS: Espiritualidade, água, emoções e sentimentos

OUROS: Materialismo, terra, riqueza e fisicalidade

ESPADAS: Intelecto, ar, conhecimento e a mente

PAUS: Criatividade, fogo, vitalidade e o coração

OS NÚMEROS:

ÁS: Inícios, Inspiração

DOIS: Equilíbrio, Escolhas

TRÊS: Movimento, Oscilação

QUATRO: Estabilidade, Manifestação

CINCO: Poder, Conflito

SEIS: Harmonia, Ajuste

SETE: Desejo, Reavaliação

OITO: Renascimento, Mudança

NOVE: Antecipação, Reflexão

DEZ: Conclusão, Renovação

VALETE: O Futuro

CAVALEIRO: O Mensageiro

RAINHA: O Coração

REI: O Governante

CARTAS VERTICAIS e INVERTIDAS:

Embora as cartas em posição vertical tenham um significado sugerido, também podem ter interpretações diferentes quando estão de cabeça para baixo. Algumas pessoas dão às cartas invertidas significados opostos aos das cartas verticais, enquanto outros atribuem significados únicos a cada carta invertida. Outras não usam cartas invertidas. Confie em seus instintos. Atribua os significados que lhe pareçam corretos.

TIRAGENS:

As tiragens são configurações sugeridas para as cartas que serão utilizadas na leitura do tarô. Não há maneira certa ou errada para se configurar uma tiragem – mais uma vez, deixe-se guiar pela intuição. A seguir, apresentamos algumas tiragens comuns que são especialmente boas para os iniciantes.

Antes de colocar as cartas na mesa, embaralhe-as levemente enquanto medita sobre alguma questão ou abre a mente para a intenção. Corte o baralho e coloque a carta de cima virada para baixo em seu modelo de tiragem. Complete a tiragem colocando as cartas viradas para baixo em uma sequência específica e, em seguida, vire-as uma de cada vez, em ordem.

TIRAGEM DE UMA CARTA

Mesmo não sendo tecnicamente uma tiragem, virar uma única carta é ótimo para uma leitura simples e rápida, que pode ser usada para:

PERGUNTAS
de SIM ou NÃO

✦ ou ✦

COMO PREVISÃO GERAL
para o DIA ou o MÊS

O Mundo

TIRAGEM DE TRÊS CARTAS

As tiragens de três cartas são versáteis e multifacetadas. Ao buscar uma visão geral, as cartas podem representar *o passado*, *o presente* e *o futuro* ou, então, os estados da sua *mente*, do seu *corpo* e do seu *espírito*. Diante de uma escolha específica, três cartas podem representar a *opção um*, a *opção dois* e *o que levar em consideração* para escolher entre uma e outra.

1. OPÇÃO UM

2. OPÇÃO DOIS

3. O QUE LEVAR EM CONSIDERAÇÃO

Ao enfrentar dificuldades de comunicação, as três cartas podem representar *o que a outra pessoa pode querer*, *o que você quer* e *para onde a conversa está caminhando*.

1. O QUE A OUTRA PESSOA PODE QUERER

2. O QUE VOCÊ QUER

3. PARA ONDE A CONVERSA ESTÁ CAMINHANDO

Sinta-se livre para criar suas próprias tiragens, porém, antes de colocar as cartas na mesa, garanta a clareza de suas intenções.

TIRAGEM DE CINCO CARTAS

Nas tiragens com cinco cartas, as lâminas começam a contrapor-se umas às outras para criar novos significados. Uma tiragem com muitas cartas de copas, por exemplo, pode indicar a intensidade de uma emoção. Embora a leitura de tiragens maiores leve mais tempo, elas podem oferecer melhores *insights* e orientações. Exemplo de uma tiragem tradicional de cinco cartas:

Nesta tiragem específica, as três cartas centrais representam *o passado*, *o presente* e *o futuro* da situação em questão. A quarta mostra *as influências invisíveis* que afetam a situação. A quinta representa *o potencial de um futuro alternativo*. Caso a situação se desenrole naturalmente, a carta 3 mostra o resultado provável. Entretanto, se o leitor levar em consideração a carta 4, o caminho estará talvez na carta 5.

EXEMPLO DE INTERPRETAÇÃO:

VI – *Os Enamorados*
A BELA E A FERA

A leitura inicial desta carta sugere amor, romance e conexão.

A Bela e a Fera é uma história que também envolve temas relativos ao desequilíbrio de poder, ao crescimento, à escolha de ficar ou de ir embora e, por fim, a um casal aprendendo a se complementar.

Ao interpretar esta carta, o leitor poderá escolher qual parte da história soa melhor. O que a carta diz ao leitor poderá mudar dependendo das outras cartas da tiragem, da intuição do leitor ou de sua conexão pessoal com a história.

Leve em consideração o simbolismo visual das rosas. Rosas vermelhas costumam representar o amor. Seus espinhos, contudo, as tornam inacessíveis, remetendo, talvez, a uma beleza inatingível. Leve em consideração também a própria arte. A Bela é representada por azuis que remetem à água e contrastam com o vermelho fogo da Fera; o edifício ao longe é roxo. Isso talvez simbolize um acordo, harmonia. Ou talvez retrate a Torre – um dos símbolos dos arcanos maiores –, que representa a destruição inesperada.

Talvez o leitor novato ache que há um excesso de informações aqui, contudo o mais importante é relaxar e dar ouvidos à própria intuição. Aprecie a experiência de se conectar com seu subconsciente, e deixe que as cartas sejam seu guia.

5. POTENCIAL OCULTO

2. O PASSADO   **1. O PRESENTE**   **3. O FUTURO ATUAL**

4. INFLUÊNCIAS INVISÍVEIS

OS ARCANOS MAIORES

A PEQUENA SEREIA
DINAMARCA, Conto de Fadas Dinamarquês

O Louco está no cume e precisa tomar uma decisão. A pequena sereia está pronta para sair de seu subconsciente e mergulhar no mundo físico. Para deixar de ser um animal e transformar-se em humana. Sem se importar com as advertências, está despreocupada e entusiasmada com uma nova vida.

POSIÇÃO VERTICAL: *inícios, possibilidades, impulsividade, inocência, um espírito livre*

POSIÇÃO INVERTIDA: *apatia, hesitação, uma escolha ruim, depressão, imprudência*

A FADA MADRINHA
FRANÇA, Conto de Fadas Francês

O Mago é uma mão amiga. A fada madrinha é capaz de transformar uma matéria-prima qualquer em algo maravilhoso, e os sonhos em realidade. Ela, porém, é apenas a mão amiga; cabe à protagonista aceitar a ajuda e seguir em frente para fazer a coisa certa.

POSIÇÃO VERTICAL: *originalidade, autoconfiança, habilidade, um grande avanço, desenvoltura*

POSIÇÃO INVERTIDA: *insegurança, atraso, falta de imaginação, portas fechadas, manipulação*

OS ARCANOS MAIORES

XERAZADE
TURQUIA, Conto Folclórico Árabe

A Sacerdotisa é uma guardiã de vasto conhecimento. Com uma história para cada situação, Xerazade pede aos ouvintes que se concentrem no que lhes é dito pelo subconsciente para que tirem suas próprias conclusões. Seu poder é imenso, porém sutil; e suas respostas, sempre misteriosas.

POSIÇÃO VERTICAL: *sabedoria, intuição, sonhos, divagação, um enigma*

POSIÇÃO INVERTIDA: *ignorância, superficialidade, falta de confiança, uma mente fechada, segredos*

NOSSA SENHORA DE GUADALUPE
MÉXICO, Santa Católica

A Imperatriz é uma mãe amorosa e protetora. Ela se preocupa com todos os seus filhos e deseja defender todos eles, mesmo que seu amor de mãe às vezes seja sufocante. O mundo é radiante e tudo floresce ao seu redor.

POSIÇÃO VERTICAL: *fertilidade, nutrição, realização, natureza, abundância*

POSIÇÃO INVERTIDA: *sensação de ser indesejável, ansiedade, falta de concentração, sufocamento, egoísmo*

OS ARCANOS MAIORES

REI ARTHUR
GRÃ-BRETANHA, Lenda Celta

O Imperador é a figura paterna ideal. Guerreiro e conquistador, o Rei Arthur governa seu reino e seus, às vezes indisciplinados, cavaleiros com mão justa e firme. Ele unifica os rebeldes, defende os fracos e concede seu conhecimento e sua sabedoria a todos os seus súditos.

POSIÇÃO VERTICAL: *estabilidade, liderança, bravura, ousadia, estrutura*

POSIÇÃO INVERTIDA: *imaturidade, mesquinhez, rigidez, dominação, raiva*

MULHER BÚFALO BRANCO
DAKOTA DO NORTE, Divindade Lakota

O Hierofante é uma figura divina, um professor que compartilha as regras, os ritos e os rituais para que sejam seguidos pela comunidade. Há um lugar para todos e todos têm seu lugar. Incentiva o conforto e o apoio do grupo, o caminho conhecido.

POSIÇÃO VERTICAL: *conformidade, compaixão, aprovação social, tradição, legado*

POSIÇÃO INVERTIDA: *tendências opositivas, vulnerabilidade, desorientação, fé cega*

OS ARCANOS MAIORES

Os Enamorados

O Carro

A BELA E A FERA
CHINA, Conto de Fadas Chinês

A carta dos Enamorados representa o romance, a atração dos opostos.
A dualidade e o equilíbrio da carnalidade, da fisicalidade e do fogo em oposição à espiritualidade, às emoções e à água. O casal realça a importância da comunicação e anuncia uma importante encruzilhada.

POSIÇÃO VERTICAL: *amor, harmonia, confiança, um salto de fé, uma escolha*

POSIÇÃO INVERTIDA: *desconfiança, separação, duvidar de si, valores em conflito*

AS TRÊS PRINCESAS DA TERRA BRANCA
NORUEGA, Conto de Fadas Norueguês

O Carro trata do cultivo das emoções e da criação de um caminho direto e claro. Embora o príncipe tenha tropeçado anteriormente, ele aprendeu com seus erros e agora avança com total confiança.

POSIÇÃO VERTICAL: *uma jornada, perseverança, decisões apressadas, vingança, vitória*

POSIÇÃO INVERTIDA: *falta de direção, tropeços, estagnação, teimosia*

OS ARCANOS MAIORES

Força

O Eremita

TAM LIN
ESCÓCIA, Conto de Fadas Escocês

A Força refere-se à força de vontade e à determinação. Foco, persistência e capacidade de lançar um olhar confiante a qualquer desafio e superá-lo. Não se trata de força física, mas de um coração puro e determinado.

POSIÇÃO VERTICAL: *coragem, convicção, controle, determinação, paciência*

POSIÇÃO INVERTIDA: *fraqueza, insegurança, abuso de poder, orgulho, negligência*

O DRUIDA E O CERVO BRANCO
IRLANDA, Lenda Celta

O Eremita representa a solidão e o abandono das responsabilidades em prol da introspecção. No mito celta, o esquivo cervo branco nos encoraja a deixar tudo em busca da espiritualidade.

POSIÇÃO VERTICAL: *introspecção, afastamento, prudência, perspicácia, meditação*

POSIÇÃO INVERTIDA: *imprudência, pressa, evasão, solidão, rejeição*

OS ARCANOS MAIORES

ANANSI
GANA, Mitologia Acã

A incessante Roda da Fortuna é girada por um deus trapaceiro. O que antes era sorte, agora é infortúnio; o que era desesperança, agora é alegria. Embora esses movimentos pareçam aleatórios, todos os destinos fazem parte de uma rede interconectada de desdobramentos.

POSIÇÃO VERTICAL: *sorte, uma herança inesperada, karma, destino, ciclos*

POSIÇÃO INVERTIDA: *má sorte, falta de controle, o passado, miséria, decepção*

AMHAENG-EOSA
COREIA, Lenda Coreana

A Justiça é o poder exercido com inteligência e imparcialidade. É a tomada de decisão, tendo todos os fatos em mãos e aceitando as consequências de qualquer escolha feita. É a punição dos corruptos e a promoção dos merecedores.

POSIÇÃO VERTICAL: *harmonia, equilíbrio, igualdade, virtude, honra*

POSIÇÃO INVERTIDA: *preconceito, falsas acusações, intolerância, abuso, desonestidade*

OS ARCANOS MAIORES

BELA ADORMECIDA
ITÁLIA, Conto de Fadas Italiano

O Enforcado deixa de seguir em frente para evitar desastres e, em vez disso, prioriza a reflexão. A Bela Adormecida é um símbolo de inércia; com duas opções disponíveis, dormir ou morrer, ela escolhe esperar por condições mais favoráveis.

POSIÇÃO VERTICAL: *suspensão, restrição, sacrifício, reajuste, melhoria*

POSIÇÃO INVERTIDA: *teimosia, sacrifício inútil, precipitação, falta de consideração, martírio*

O URSO BRANCO, REI VÁLEMON
NORUEGA, Conto de Fadas Norueguês

A Morte é uma grande reviravolta, e representa o possível fim de um modo de vida e o início de outro. A vida muda irrevogavelmente, e não há como voltar – a mudança é necessária.
A morte da infância é importante para o amadurecimento.

POSIÇÃO VERTICAL: *metamorfose, evolução, perda, transição, mudança*

POSIÇÃO INVERTIDA: *estagnação, imobilidade, teimosia, deterioração, decadência*

OS ARCANOS MAIORES

Temperança

O Diabo

BODHISATTVA AVALOKITESHVARA
ÍNDIA, Bodhisattva Budista

A Temperança envolve equilíbrio e meditação. É ser mutável, reconhecer quando mudar com os tempos e quando mudar o próprio ritmo. As identidades de Bodhisattva Avalokiteshvara são fluidas, mas sua boa vontade é sempre constante.

POSIÇÃO VERTICAL: *moderação, harmonia, determinação, boa influência, reconciliação*

POSIÇÃO INVERTIDA: *conflito, hostilidade, frustração, impaciência, relutância*

BOITATÁ
BRASIL, Mitologia Brasileira

O Diabo cede ao ego, cobiçando coisas desnecessárias ou prejudiciais, relutante em deixar situações negativas. É um dragão sentado sobre uma pilha de ouro que não precisa, uma pessoa colocando fogo em uma floresta para seu próprio benefício.

POSIÇÃO VERTICAL: *ganância, controvérsia, violência, experiências estranhas, vício*

POSIÇÃO INVERTIDA: *liberação, iluminação, poder recuperado, divórcio, vida nova*

OS ARCANOS MAIORES

A Torre

A Estrela

RAPUNZEL
ALEMANHA, Conto de Fadas Alemão

A Torre retrata o sentimento de segurança e proteção existente antes da completa e súbita mudança. Crenças são esmagadas, acordos são rompidos e tudo é destruído em sua fundação. Talvez a fundação já fosse imperfeita desde o início.

POSIÇÃO VERTICAL: *mudança gigantesca, revolta, catástrofe, reconstrução, revelação*

POSIÇÃO INVERTIDA: *sensação de estar encurralado, desastre adiado, medo da dor, retraimento*

IRMÃ ALENUSHKA E IRMÃO IVANUSHKA
RÚSSIA, Conto de Fadas Russo

A Estrela simboliza a esperança após um desastre. É a necessidade de permanecer positivo após o infortúnio para lembrar que as coisas podem melhorar de novo. É manter-se calmo e aberto às possibilidades futuras, vendo sua situação com olhos, mente e coração abertos.

POSIÇÃO VERTICAL: *esperança, serenidade, inspiração, perspicácia, espiritualidade*

POSIÇÃO INVERTIDA: *sonhos esmagados, insegurança, desespero, desânimo, exaustão*

OS ARCANOS MAIORES

A Lua

O Sol

PRINCESA KAGUYA
JAPÃO, Conto de Fadas Japonês

A Lua é o subconsciente, com todas as suas ilusões, potencialidades, armadilhas e a possibilidade de autoengano. Aqui, cada um dos tanukis – animais metamorfos parecidos com guaxinins – olha para luas diferentes, ocorre que não se sabe qual delas é a verdadeira.

POSIÇÃO VERTICAL: *truques, melancolia, angústia, ilusão, insegurança*

POSIÇÃO INVERTIDA: *alegria, iluminação, resolução, engano revelado, alívio*

RÁ, O DEUS SOL
EGITO, Divindade Egípcia

O Sol representa sucesso, nascimento e confiança após um período marcado por dificuldades. Rá, o deus sol egípcio, revela que tudo está iluminado com otimismo e entusiasmo para o caminho adiante.

POSIÇÃO VERTICAL: *satisfação, realização, alegria, sorte, vitalidade*

POSIÇÃO INVERTIDA: *oportunidades perdidas, atrasos, dúvida, medo de perder, depressão*

OS ARCANOS MAIORES

Julgamento

O Mundo

SUN WUKONG, O REI MACACO
CHINA, Mitologia Chinesa

O Julgamento é o acerto de contas, o desfecho antes do início de uma nova jornada. As ações e as decisões passadas determinam os eventos futuros. Quando não aprendemos a lição, estamos condenados a repetir os mesmos erros.

POSIÇÃO VERTICAL: *melhoria, perdão, nova perspectiva, absolvição, renascimento*

POSIÇÃO INVERTIDA: *opressão, falta de autoconsciência, fracasso, erros sucessivos, autoaversão*

HINEMOA E TUTANEKAI
NOVA ZELÂNDIA, Lenda Maori

A carta do Mundo é o final felizes-para-sempre após uma jornada difícil. Hinemoa e Tutanekai representam a conclusão vitoriosa, um resultado bom e desejado. Contudo, conclusões também anunciam o início de uma nova jornada.

POSIÇÃO VERTICAL: *conclusão, reconhecimento, realização, triunfo, celebração*

POSIÇÃO INVERTIDA: *imperfeição, decepção, atalhos, miopia quanto ao futuro, ansiedade*

OS ARCANOS MENORES: COPAS

Ás de Copas

Dois de Copas

O SAQUÊ DE MATSUO
JAPÃO, Mitologia Japonesa

O Ás de Copas marca um novo começo – uma razão para beber, ser feliz e para se abrir para os sentimentos subconscientes. O saquê é uma bebida dos deuses, que aproxima as pessoas do mundo espiritual.

POSIÇÃO VERTICAL: *felicidade, amor, intimidade, novas emoções, compaixão*

POSIÇÃO INVERTIDA: *problemas de relacionamento, depressão, tristeza, bloqueio criativo, repressão*

ENKIDU E GILGAMESH
IRAQUE, Mitologia Suméria

O Dois de Copas é uma relação ideal que ainda enfrenta dificuldades. Gilgamesh era um tirano; Enkidu foi criado para ele – para ser seu igual em todos os sentidos. Embora o encontro inicial tenha sido difícil, os dois passaram a se amar muito, como opostos que se completam.

POSIÇÃO VERTICAL: *um relacionamento feliz, igualdade, parceria, atração, conexão*

POSIÇÃO INVERTIDA: *desequilíbrio, discórdia, separação, incompatibilidade, desequilíbrio de poder*

OS ARCANOS MENORES: COPAS

Três de Copas

Quatro de Copas

APSARA
CAMBOJA, Mitologia Hindu

O Três de Copas representa a camaradagem e os bons momentos. As Apsaras são seres celestiais, conhecidas por suas danças, festas e fornicação. Esse grupo alegre governa os ritos de fertilidade, as artes cênicas e as fortunas do jogo.

POSIÇÃO VERTICAL: *celebrações, amigos, indulgência, festas, comunidade*

POSIÇÃO INVERTIDA: *excesso de indulgência, infidelidade, desfazimento de vínculos, fofocas, isolamento*

O ROUXINOL
CHINA, Conto Folclórico Dinamarquês

O Quatro de Copas representa a romantização das más escolhas e o desprezo pelas boas alternativas. Reflete a cobiça ao superficialmente "melhor" e a negligência ao simples rouxinol, que é realmente capaz de afastar a morte com seu canto.

POSIÇÃO VERTICAL: *falta de atenção, pessimismo, devaneio, letargia, reavaliação*

POSIÇÃO INVERTIDA: *motivação, oportunidade, otimismo, inquietação, tédio*

OS ARCANOS MENORES: COPAS

Cinco de Copas

Seis de Copas

LA LLORONA
MÉXICO, Folclore Mexicano

O Cinco de Copas é o arrependimento inútil que nada ensina. Com ciúme da nova esposa de seu marido, La Llorona afoga seus próprios filhos, e agora seu fantasma perambula pela terra em lágrimas. Ela se afunda na dor e se recusa a buscar a redenção ou a felicidade.

POSIÇÃO VERTICAL: *autopiedade, culpa, arrependimento, estagnação, depressão*

POSIÇÃO INVERTIDA: *vida nova, perdão, aceitação, encontrar a paz, encorajamento*

A RAINHA DA NEVE
DINAMARCA, Conto de Fadas Dinamarquês

O Seis de Copas evoca a nostalgia de tempos mais doces. Quando crianças, Kai e Gerda eram melhores amigos. Kai, no entanto, é tomado pela depressão e vai embora com a Rainha da Neve. Ainda que Gerda o tenha salvado de muitas aventuras, esse ponto acaba marcando o fim da inocência.

POSIÇÃO VERTICAL: *nostalgia, velhos amigos, alegrias simples, compartilhamento, infância*

POSIÇÃO INVERTIDA: *o futuro, desapego, o sair de casa, o filtro cor-de-rosa*

OS ARCANOS MENORES: COPAS

Sete de Copas

Oito de Copas

ALADIM
PÉRSIA, Conto Folclórico Árabe

O Sete de Copas mostra Aladim diante de uma miríade de sonhos fantásticos. É impossível abarcá-los todos de uma vez, por isso, ele precisa tomar uma decisão com sabedoria e rapidez.

POSIÇÃO VERTICAL: *devaneios, imaginação, decisões, idealismo, procrastinação*

POSIÇÃO INVERTIDA: *realidade, clareza, tentação, confusão, distração*

MOISÉS
EGITO, Lenda Hebraica

O Oito de Copas representa o abandono de coisas boas em busca de ideais mais elevados. Moisés foi criado como príncipe do Egito, porém percebeu que precisaria sacrificar sua realeza e suas riquezas caso desejasse uma vida espiritual e contemplativa.

POSIÇÃO VERTICAL: *ir embora, introspecção, escapismo, afastamento, busca da verdade*

POSIÇÃO INVERTIDA: *falta de propósito, medo do abandono, depressão, acomodação, desesperança*

OS ARCANOS MENORES: COPAS

Nove de Copas

Dez de Copas

TAJ AL-MULUK E A PRINCESA DUNYA
IRÃ, Conto Folclórico Árabe

O Nove de Copas representa um final feliz alcançado de maneira inesperada. O príncipe Taj al-Muluk apaixonou-se pela princesa Dunya, mas ela recusava os homens. Ele trapaceou, disfarçando-se de mulher, a fim de ganhar seu coração.

POSIÇÃO VERTICAL: *sonhos realizados, satisfação, prazer, reconhecimento, triunfo*

POSIÇÃO INVERTIDA: *ganância, devastação, pessimismo, vício, autoaversão*

JULNAR DO MAR
PÉRSIA, Conto Folclórico Árabe

O Dez de Copas representa a verdadeira realização emocional e espiritual. Após muitas dificuldades, Julnar encontra um marido feliz e amoroso e tem um filho. Seu irmão sai do mar, que muitas vezes representa o subconsciente, para parabenizá-la e celebrar sua vida recém-descoberta.

POSIÇÃO VERTICAL: *harmonia, reencontros, segurança, felicidade doméstica, nova família*

POSIÇÃO INVERTIDA: *família disfuncional, lar desfeito, instabilidade, conflito, negligência*

OS ARCANOS MENORES: COPAS

Valete de Copas

Cavaleiro de Copas

BAKUNAWA E AS SETE LUAS
FILIPINAS, Mitologia Filipina

O Valete de Copas está ligado às suas próprias emoções, e se expressa integralmente com pureza juvenil. Nesta carta, um dos sete jovens irmãos da lua brinca com Tu'er Shen, o deus chinês dos relacionamentos entre pessoas do mesmo sexo, que amarra o fio vermelho do destino que une os amantes.

POSIÇÃO VERTICAL: *juventude, idealismo, sensibilidade, romance, espiritualidade*

POSIÇÃO INVERTIDA: *más notícias, ciúmes, obsessão, problemas de infância, imaturidade*

HALIBU, O CAÇADOR
MONGÓLIA, Lenda Mongol

O Cavaleiro de Copas é um mensageiro. Halibu é doce e gentil e, ao mesmo tempo, está sempre disposto a defender aquilo que acredita. Ele é o provedor de sua aldeia e, depois de fazer amizade com um dragão, sacrifica-se voluntariamente para salvar todos os que ama.

POSIÇÃO VERTICAL: *cavalheirismo, afeto, convites, tomada de ação, presentes bons*

POSIÇÃO INVERTIDA: *desgosto, infidelidade, falta de diplomacia, mau humor, mesquinhez*

OS ARCANOS MENORES: COPAS

Rainha de Copas

Rei de Copas

IEMANJÁ
NIGÉRIA, Divindade Iorubá

A Rainha de Copas representa a superfície do subconsciente. A deusa Iemanjá une aqueles em terra à profundidade do plano espiritual. Mesmo sendo misteriosa, é também uma mãe gentil e carinhosa.

POSIÇÃO VERTICAL: *feminilidade, receptividade, empatia, uma conselheira, intuição*

POSIÇÃO INVERTIDA: *imaturidade, egoísmo, sufocamento, mau humor, despeito*

O MENINO E A PÉROLA DO DRAGÃO
CHINA, Lenda Chinesa

O Rei de Copas era um garotinho que amadureceu e se tornou um dragão poderoso. Apesar de gentil, protege ferozmente aqueles que ama. Ele está ligado às águas profundas e obscuras do subconsciente. Possui muita paciência e sabedoria.

POSIÇÃO VERTICAL: *devoção, lealdade, fidelidade, sabedoria, generosidade*

POSIÇÃO INVERTIDA: *ansiedade, falta de cuidado, controle, violência, desequilíbrio*

OS ARCANOS MENORES: OUROS

Ás de Ouros

Dois de Ouros

JOÃO E O PÉ DE FEIJÃO
INGLATERRA, Conto de Fadas Inglês

O Ás de Ouros nos apresenta novos começos, oportunidades financeiras e prosperidade. Mesmo que a origem desse presente seja inesperada – como feijões mágicos –, seus benefícios, por meio da atenção e do sustento, podem ser milagrosos. Está na hora de transformar sonhos em realidade.

POSIÇÃO VERTICAL: *novos negócios, dinheiro, investimentos, abundância, segurança*

POSIÇÃO INVERTIDA: *finanças ruins, gastos excessivos, ganância, mesquinharia, planejamento ruim*

RHPISUNT
NOROESTE DO PACÍFICO, Mitologia Haida

O Dois de Ouros representa a habilidade necessária para, na vida, equilibrar forças opostas. Para Rhpisunt, há um choque entre a esfera humana e a dos ursos. Ela encarna as dualidades entre trabalho e família, *hobby* e carreira, desejo e necessidade.

POSIÇÃO VERTICAL: *multitarefa, equilíbrio, escolha, flexibilidade, priorização*

POSIÇÃO INVERTIDA: *desorganização, uma fachada, sobrecarga, exagero, desordem financeira*

OS ARCANOS MENORES: OUROS

Três de Ouros

Quatro de Ouros

BANJHAKRI E BANJHAKRINI
NEPAL, Mitologia Tamang

O Três de Ouros representa o aprendizado mútuo. Obstinados, Banjhakri e Banjhakrini ensinam seu aprendiz a se tornar um xamã. Ainda que sejam professores exigentes, seu aluno é dedicado. O grande esforço dos três é recompensado pelo sucesso de uma nova geração.

POSIÇÃO VERTICAL: *estudo, crescimento, colaboração, sucesso, reconhecimento*

POSIÇÃO INVERTIDA: *falta de ética profissional, apatia, falta de metas, teimosia*

A ESPOSA DO CONDOR
PERU, Conto Folclórico Aymara

O Quatro de Ouros representa a ganância e uma relutância em se abrir ou dividir com os outros. O condor se ressente de sua esposa, que não gosta de seu estilo de vida nem de viver com ele. Ele reconhece sua infelicidade, mas não está disposto a fazer mudanças ou libertá-la.

POSIÇÃO VERTICAL: *acumulação, posse, estabilidade financeira, materialismo, mesquinhez*

POSIÇÃO INVERTIDA: *jogo, imprudência, abandono, generosidade, grandes aquisições*

OS ARCANOS MENORES: OUROS

Cinco de Ouros

Seis de Ouros

A MENINA DOS FÓSFOROS
DINAMARCA, Conto Folclórico Dinamarquês

O Cinco de Ouros representa as dificuldades financeiras e o sentimento de ser ignorado. A Menina dos Fósforos precisa de ajuda, mas ninguém está disposto a auxiliá-la. Ela luta sozinha, apesar de estar próxima de uma força que poderia ajudá-la.

POSIÇÃO VERTICAL: *recessão, adversidade, isolamento, desemprego, ruína*

POSIÇÃO INVERTIDA: *dívidas pagas, finanças em ordem, mudança positiva, aceitação, recuperação*

A MULHER QUE TRATAVA BEM OS INSETOS
ALASCA, Fábula Inuit

O Seis de Ouros representa a bondade e a generosidade com os menos afortunados. A senhora deste conto inuíte entende que para receber positividade é preciso oferecer positividade ao mundo, isto é, é dando que se recebe.

POSIÇÃO VERTICAL: *generosidade, caridade, bondade, valorização, recompensa*

POSIÇÃO INVERTIDA: *abuso de poder, golpes, extorsão, ingenuidade, ganância*

OS ARCANOS MENORES: OUROS

Sete de Ouros

Oito de Ouros

NANAHUATZIN
MÉXICO, Mitologia Asteca

O Sete de Ouros representa o desejo por uma boa colheita, mesmo que isso exija sacrifícios. Nanahuatzin deverá determinar com firmeza quando ser paciente e quando descartar tudo e recomeçar.

POSIÇÃO VERTICAL: *recompensa, perseverança, decisões, investimento, fruição*

POSIÇÃO INVERTIDA: *miopia quanto ao futuro, preguiça, procrastinação, contratempos, atraso*

OS SEIS CISNES
ALEMANHA, Conto de Fadas Alemão

O Oito de Ouros representa a longa distância, a falta de progresso no meio de um projeto que precisa ser concluído. A princesinha precisa continuar a tecer urtigas em silêncio para libertar seus irmãos amaldiçoados.

POSIÇÃO VERTICAL: *mestria, compromisso, determinação, ambição, concentração*

POSIÇÃO INVERTIDA: *repetição, qualidade ruim, precipitação, má reputação*

OS ARCANOS MENORES: OUROS

Nove de Ouros

Dez de Ouros

A LENDA DA MELANCIA
VIETNÃ, Lenda Vietnamita

O Nove de Ouros representa o sucesso. O trabalho duro e a paciência resultaram em uma boa colheita; e agora as melancias plantadas por Mai An Tiem são apreciadas até mesmo pelo Imperador. O caminho foi longo e difícil, mas as recompensas valeram o esforço.

POSIÇÃO VERTICAL: *independência, prosperidade, liberdade, maturidade, autodisciplina*

POSIÇÃO INVERTIDA: *golpes, superficialidade, superinvestimento, obsessão pelo trabalho, ingratidão*

PAN HU
CHINA, Lenda Yao

O Dez de Ouros representa as recompensas suadas de uma realização fatigante. A história de Pan Hu celebra a linhagem que se beneficia de seu esforço. As dificuldades enfrentadas permitem que ele valorize sua boa sorte e se aposente cercado por seus descendentes.

POSIÇÃO VERTICAL: *herança, ancestralidade, pensões, descanso, estabilidade financeira*

POSIÇÃO INVERTIDA: *desastre financeiro, disputas, instabilidade, tradições destruídas*

OS ARCANOS MENORES: OUROS

Valete de Ouros

Cavaleiro de Ouros

BEAIVI-NIEIDA
SUÉCIA, Divindade Sami

O Valete de Ouros saúda o início da primavera e o verão, um recomeço, o fim da escuridão. Beaivi-Nieida representa a esperança, a criação de bases sólidas e o bem-estar mental. Ela tem os pés no chão e espera por um futuro radiante.

POSIÇÃO VERTICAL: *estabelecimento de metas, lealdade, positividade, oportunidades, manifestação*

POSIÇÃO INVERTIDA: *falta de bom senso, imaturidade, preguiça, apatia*

HEITSI-EIBIB
ÁFRICA DO SUL, Divindade Khoikhoi

O Cavaleiro de Ouros é um guerreiro diligente que está disposto a trabalhar para consertar o mundo. Heitsi-Eibib pode ser tão teimoso quanto um boi e se meter em problemas ao tentar ajudar. Ele é forte, leal e determinado em tudo o que se propõe a fazer.

POSIÇÃO VERTICAL: *ambição, trabalho duro, persistência, eficiência*

POSIÇÃO INVERTIDA: *impaciência, apatia, irresponsabilidade, ansiedade*

OS ARCANOS MENORES: OUROS

Rainha de Ouros

Rei de Ouros

WARAMURUNGUNDJU

NORTE DA AUSTRÁLIA, Divindade Gunwinggu

A Rainha de Ouros é uma mãe entusiasta, pronta para gerar uma vida nova. Waramurungundju viajou o mundo abençoando seus muitos filhos. Ela está sempre em movimento; amorosa e sempre prática, ela ensina seus filhos a ajudarem a si mesmos.

POSIÇÃO VERTICAL: *uma curandeira, luxo, ter os pés no chão, pragmatismo, movimento*

POSIÇÃO INVERTIDA: *ciúme, posse, falta de organização, manipulação*

HAH-NU-NAH, A TARTARUGA CÓSMICA

AMÉRICA DO NORTE, Mitologia Iroquesa

O Rei de Ouros representa a estabilidade e a fidelidade. A Tartaruga Cósmica é forte o bastante para suportar o peso das esperanças e dos sonhos alheios. Mesmo que não participe ativamente das vidas dos outros, é sempre confiável, lenta e estável.

POSIÇÃO VERTICAL: *sucesso, confiança, conservadorismo, determinação, disposição para o trabalho*

POSIÇÃO INVERTIDA: *corrupção, materialismo, crueldade, autoridade, indulgência*

OS ARCANOS MENORES: ESPADAS

Ás de Espadas

Dois de Espadas

NÓ GÓRDIO
TURQUIA, Lenda grega

O Ás de Espadas representa uma súbita explosão de inspiração. Uma nova solução, uma nova maneira de pensar para resolver um problema. O desfazimento do Nó Górdio é o início de uma campanha para conquistar novas terras.

POSIÇÃO VERTICAL: *novos projetos, verdade, assertividade, pensamento criativo, clareza*

POSIÇÃO INVERTIDA: *falta de comunicação, desinformação, rigidez, confusão*

SITA
ÍNDIA, Épico Hindu *Ramayana*

O Dois de Espadas representa a dúvida entre escolhas difíceis. A decisão de Sita entre Cila e Caríbdis não é fácil, e não pode ser tomada cegamente; exige uma autorreflexão. Só é possível manter o equilíbrio por um tempo limitado, momento em que uma mudança se torna necessária.

POSIÇÃO VERTICAL: *enfrentamento dos medos, um impasse, negação, oposição, uma posição precária*

POSIÇÃO INVERTIDA: *indecisão, mentiras reveladas, atrasos, medo avassalador*

OS ARCANOS MENORES: ESPADAS

Três de Espadas

Quatro de Espadas

ESPOSA GROU
JAPÃO, Conto de Fadas Japonês

O Três de Espadas representa a traição. A Esposa Grou pede privacidade ao marido, mas ele a espia e acaba descobrindo que ela estava se machucando para ajudá-lo. A ação dele foi traiçoeira, mas o mesmo pode ser dito dela, que foi incapaz de confiar seu segredo ao esposo.

POSIÇÃO VERTICAL: *desgosto, automutilação, tristeza, pesar, separação*

POSIÇÃO INVERTIDA: *superação do pesar, otimismo, reconciliação, perdão, busca por ajuda*

FENRIR
NORUEGA, Mitologia Nórdica

O Quatro de Espadas sinaliza uma pausa na batalha. Os deuses nórdicos sabem que o lobo Fenrir trará o fim do mundo, então eles o mantêm amarrado e acorrentado. Embora o animal ainda represente uma ameaça, há, por ora, uma trégua.

POSIÇÃO VERTICAL: *refúgio, recuperação, meditação, passividade, aconselhamento*

POSIÇÃO INVERTIDA: *despertar, cura, volta, exaustão, força*

OS ARCANOS MENORES: ESPADAS

Cinco de Espadas

Seis de Espadas

OSIRIS, SETH E ÍSIS
EGITO, Mitologia Egípcia

O Cinco de Espadas representa a luta vencida por meio do desengano. Seth destitui seu irmão Osíris e é visto se gabando para a inconsolável esposa de seu irmão, Ísis. Seth representa a tirania do vencedor, Ísis é a combatente derrotada que, mais cedo ou mais tarde, acabará derrotando Seth.

POSIÇÃO VERTICAL: *rendição, traição, bullying, violência, crime*

POSIÇÃO INVERTIDA: *resolução, acordo, sacrifício, paz, justiça*

DÂNAE E PERSEU
GRÉCIA, Mitologia Grega

O Seis de Espadas representa o abandono de águas turbulentas em direção a um futuro calmo e promissor. Após ter sido aprisionada por seu próprio pai, Dânae e seu filho Perseu conseguem fugir. Perseu crescerá e, no final, derrotará a górgona Medusa.

POSIÇÃO VERTICAL: *cura, avanço, estabilidade, fuga, viagens*

POSIÇÃO INVERTIDA: *sentir-se aprisionado, instabilidade, viagem cancelada, abuso, problemas não resolvidos*

OS ARCANOS MENORES: ESPADAS

Sete de Espadas

Oito de Espadas

COIOTE
NOROESTE DO PACÍFICO, Lenda Salish

O Sete de Espadas é um trapaceiro; e o coiote representa todas as formas de engano – desde as pequenas brincadeiras até os escândalos terríveis. Ele é inteligente e manipulador, contudo, na maioria das vezes, é apanhado por suas próprias maquinações, e precisa pagar caro por elas.

POSIÇÃO VERTICAL: *estratégia, astúcia, roubo, trapaça, manipulação*

POSIÇÃO INVERTIDA: *consciência, confissão, ser apanhado, superar em espertza, engano*

PELE DE ASNO
FRANÇA, Conto de Fadas Francês

O Oito de Espadas representa o ser apanhado por suas próprias inseguranças. A Pele de Asno foi forçada a se esconder para escapar de uma situação ruim. Agora se vê diante da decisão de continuar a vida que criou ou fugir da prisão construída por ela mesma.

POSIÇÃO VERTICAL: *ansiedade, vitimização, sentimento de estar encurralado, paralisia, crise*

POSIÇÃO INVERTIDA: *liberdade, novas perspectivas, tomada de posição, força, cura*

OS ARCANOS MENORES: ESPADAS

Nove de Espadas

Dez de Espadas

ÉDIPO
GRÉCIA, Mitologia Grega

O Nove de Espadas representa a tomada de decisões controlada pela ansiedade. O Oráculo de Delfos diz ao rei que seu filho, Édipo, será seu assassino.
Se o rei não tivesse deixado seus medos controlá-lo e tivesse criado seu filho com amor em vez de ódio, sua morte poderia ter sido evitada.

POSIÇÃO VERTICAL: *ansiedade, terror, pesadelos, obsessão, insônia*

POSIÇÃO INVERTIDA: *recuperação, aceitação, desapego, aceitar ajuda, esperança*

SEDNA
CANADÁ, Mitologia Inuíte

O Dez de Espadas representa a traição e a deslealdade. O pai de Sedna a empurra de seu caiaque e corta seus dedos quando ela tenta em vão se agarrar ao barco. Ela desce ao fundo do oceano e, consumida pela ira, passa a buscar vingança por toda a eternidade.

POSIÇÃO VERTICAL: *amargura, traição, fundo do poço, martírio, laços cortados*

POSIÇÃO INVERTIDA: *sobreviver ao desastre, recuperação, regeneração, o inevitável*

OS ARCANOS MENORES: ESPADAS

Valete de Espadas

Cavaleiro de Espadas

PRINCESA PARIZADE
ANATÓLIA, Conto Folclórico Árabe

O Valete de Espadas representa a inteligência juvenil. A princesa Parizade usa sua inteligência para obter êxito onde outros falharam; seu otimismo se mantém intacto por todo o processo. Ela é a precursora de novos começos e de novas ideias para si mesma e para aqueles ao seu redor.

POSIÇÃO VERTICAL: *eloquência, energia, consideração, curiosidade, veracidade*

POSIÇÃO INVERTIDA: *franqueza, cinismo, defensiva, mau humor, conversa fiada*

HANG TUAH
MALÁSIA, Lenda Malaia

O Cavaleiro de Espadas é um guerreiro forte e assertivo. Hang Tuah – um soldado inteligente – não tem medo de lutar e empregar técnicas pouco convencionais para vencer. Além de ser rebelde e leal, também é um campeão obstinado.

POSIÇÃO VERTICAL: *intelecto, bravura, confiança, voltado para a ação*

POSIÇÃO INVERTIDA: *grosseria, bullying, complexo de inferioridade, passividade*

OS ARCANOS MENORES: ESPADAS

Rainha de Espadas

Rei de Espadas

TURANDOT
CHINA, Conto Folclórico Árabe

A Rainha de Espadas é uma força incansável e exigente. Turandot não esquece a traição e, por isso, seus julgamentos, embora justos e escrupulosos, parecem brutais e frios. Ainda assim, ela tem a mente aberta e é inteligente, podendo ser encantadora e espirituosa quando quer.

POSIÇÃO VERTICAL: *proteção, crítica expressiva, disciplina com carinho, ceticismo, inteligência*

POSIÇÃO INVERTIDA: *amargura, vingança, julgamento, malícia, pessimismo*

GRIFO
PÉRSIA, Mitologia Persa

O Rei de Espadas representa a sabedoria reforçada pelo poder. O grifo é uma criatura nobre e inteligente, que voa sobre a terra e o mar; simboliza a paciência, a perseverança e o juízo.

POSIÇÃO VERTICAL: *autoridade, estrutura, lógica, autodisciplina, lealdade*

POSIÇÃO INVERTIDA: *um ditador, crueldade, violência, opressão, cinismo*

OS ARCANOS MENORES: PAUS

Ás de Paus

Dois de Paus

O PINCEL MÁGICO
CHINA, Conto Popular Chinês

O Ás de Paus representa a inspiração, uma força criativa repentina. O pincel mágico incorpora essas qualidades com paixão e ousadia. Trata daquele momento mágico que ocorre pouco antes de a tinta chegar ao papel e de todos os sonhos e possibilidades estarem ao alcance.

POSIÇÃO VERTICAL: *emoção, criatividade, uma faísca, crescimento, novos começos*

POSIÇÃO INVERTIDA: *atrasos, más notícias, um bloqueio criativo, talento desperdiçado*

JANO
ITÁLIA, Mitologia Romana

O Dois de Paus representa as viagens e o comércio. Jano, o deus dos portais e da transição, é capaz de enxergar o passado e o futuro e, assim, tomar decisões eficazes. Ele está sempre em movimento, unindo sonhos e possibilidades reais.

POSIÇÃO VERTICAL: *decisões, viagens, oportunidades de negócios, planejamento, cooperação*

POSIÇÃO INVERTIDA: *indecisão, dúvida, medo do desconhecido, fuga dos riscos*

OS ARCANOS MENORES: PAUS

Três de Paus

Quatro de Paus

O PORCO ENCANTADO
ROMÊNIA, Conto de Fadas Romeno

O Três de Paus representa o trabalho duro e as viagens. A princesa realiza uma longa viagem para resgatar seu príncipe, fazendo sacrifícios e sobrevivendo a provações ao longo do caminho. Se continuar motivada, seus esforços serão recompensados.

POSIÇÃO VERTICAL: *automotivação, liberdade, recompensa, romance*

POSIÇÃO INVERTIDA: *volta para casa, deixar-se levar, frustração, atrasos*

MOHINI E ARAVAN
ÍNDIA, Épico Hindu *Mahabharata*

O Quatro de Paus representa a alegria e as festividades. Uma celebração merecida e um momento estável para agradecer e valorizar os entes queridos. Mohini e Aravan se abraçam e aproveitam o tempo que precede o início da próxima aventura.

POSIÇÃO VERTICAL: *reunião, sucesso, orgulho, felicidade, família*

POSIÇÃO INVERTIDA: *dúvida em relação a si, diáspora, planos cancelados, melancolia*

OS ARCANOS MENORES: PAUS

Cinco de Paus

Seis de Paus

OS PANDAVAS
ÍNDIA, Épico Hindu *Mahabharata*

O Cinco de Paus está representado aqui pelos Pandavas – cinco irmãos que encarnam a unidade diante do conflito. Os cinco irmãos, famosos por brigar e lutar, se importam muito uns com os outros. A resolução de seus conflitos é apenas possível pela boa comunicação.

POSIÇÃO VERTICAL: *rivalidade, adversários, discordância, competição, egos conflitantes*

POSIÇÃO INVERTIDA: *compromisso, paz, harmonia, resolução, prevenção de conflitos*

YENNENGA
BURQUINA FASO, Lenda Mossi

O Seis de Paus representa a vitória e o sucesso. Uma princesa guerreira, Yennenga é a melhor lutadora de seu pai. Suas habilidades são tão fantásticas que ele não quer nunca se afastar dela, porém ela se rebela e passa a buscar seu próprio caminho e reconhecimento por seus atos.

POSIÇÃO VERTICAL: *vitória, louvor, conquista, recompensa, fama*

POSIÇÃO INVERTIDA: *ego, orgulho, descrédito, uma queda em desgraça*

OS ARCANOS MENORES: PAUS

Sete de Paus

Oito de Paus

JOHN HENRY
ALABAMA, Conto Folclórico Americano

O Sete de Paus representa uma força indomável. Contra todas as expectativas, John Henry defende o que acredita e está disposto a lutar até o fim. Sua coragem e sua determinação são uma inspiração, mesmo para aqueles que discordam dele.

POSIÇÃO VERTICAL: *resistência, ataque, lutar pelo que acredita, perseverança, criação de uma defesa*

POSIÇÃO INVERTIDA: *desistência, derrota, timidez, covardia, sobrecarga*

CORVO ARCO-ÍRIS
AMÉRICA DO NORTE, Lenda Lenape (Incerto)

O Oito de Paus representa as ações rápidas e decisivas. O corvo arco-íris voa rapidamente para entregar calor à terra fria abaixo dele e, no processo, acaba chamuscando suas asas. Seu sacrifício e voos rápidos são frutíferos.

POSIÇÃO VERTICAL: *velocidade, impulso, viagem, emoção, resultados*

POSIÇÃO INVERTIDA: *letargia, atrasos, timing ruim, lentidão, frustração*

OS ARCANOS MENORES: PAUS

Nove de Paus

Dez de Paus

VASILISA, A BELA
RÚSSIA, Conto de Fadas Russo

O Nove de Paus representa a tolerância à batalha. Enviada por sua madrasta malvada à casa da bruxa Baba Yaga, Vasilisa, a Bela, permanece resiliente e aguenta as provações impossíveis de Baba Yaga. Ela é cuidadosa e cautelosa, mas também esperançosa.

POSIÇÃO VERTICAL: *fadiga, persistência, reunião de forças, feridas, resiliência*

POSIÇÃO INVERTIDA: *um impasse, teimosia, hesitação, desistência, paranoia*

ÁRVORE TIMBÓ
PARAGUAI, Lenda Guarani

O Dez de Paus representa a aceitação de um excesso de obrigações e a recusa de qualquer ajuda. Quando a filha de Saguaa desapareceu, ele a procurou sozinho em vão. Ao falecer, uma árvore Timbó cresceu onde antes estava sua orelha. Seu esforço gerou frutos que ele mesmo não pôde aproveitar.

POSIÇÃO VERTICAL: *sobrecarga, estresse, obrigação, ajuda recusada, dever*

POSIÇÃO INVERTIDA: *afastamento, exaustão, excesso de empenho, falta de tempo ou recursos, desistência*

OS ARCANOS MENORES: PAUS

Valete de Paus

Cavaleiro de Paus

MWINDO
REPÚBLICA DO CONGO, Mitologia Nyanga

O Valete de Paus representa o otimismo infantil e a rebeldia despreocupada. Mwindo torna todas as situações divertidas pelo farfalhar de seu mata-moscas mágico. Ele faz muitos inimigos, porém também ganha muitos amigos que o ajudam em sua jornada.

POSIÇÃO VERTICAL: *diversão, carisma, descoberta, um trapaceiro, entusiasmo*

POSIÇÃO INVERTIDA: *ingenuidade, petulância, falta de imaginação, pessimismo*

TATTERHOOD
NORUEGA, Conto de Fadas Norueguês

O Cavaleiro de Paus representa a guerreira destemida, ansiosa pelo início da batalha, especialmente quando precisa defender alguém que ama. Imprudente e sem medo, Tatterhood se apropria de tudo o que precisa para conquistar o futuro que deseja.

POSIÇÃO VERTICAL: *aventura, paixão, um rebelde, um flerte, um temperamento forte*

POSIÇÃO INVERTIDA: *arrogância, ciúme, abuso, imprudência, um insolente*

OS ARCANOS MENORES: PAUS

Rainha de Paus

Rei de Paus

PELE
HAVAÍ, Divindade Havaiana

A Rainha de Paus representa uma força flamejante. As fúrias de Pele, a deusa dos vulcões, podem ser destrutivas, mas suas bênçãos são igualmente poderosas. Ela é a criatividade da dança, o alimento do solo rico e a força caótica de uma explosão.

POSIÇÃO VERTICAL: *otimismo, independência, confiança, paixão, entusiasmo*

POSIÇÃO INVERTIDA: *ciúme, rancor, avareza, destruição, demandas*

A FÊNIX
ÁSIA ORIENTAL, Mitologia da Ásia Oriental

O Rei de Paus é o símbolo da força. A lenda da fênix abarca muitas culturas, e em todas elas o pássaro de fogo representa a nobreza, o renascimento, a força e a lealdade.

POSIÇÃO VERTICAL: *honestidade, paixão, liderança, charme, flexibilidade*

POSIÇÃO INVERTIDA: *tirania, falta de harmonia, fraqueza, volatilidade*

Copyright © 2020 by Yoshi Yoshitani
All rights reserved.
Published in the United States by Clarkson Potter/Publishers, an imprint of Random House, a division of Penguin Random House LLC, New York.

Copyright da tradução e desta edição © 2023 by Edipro Edições Profissionais Ltda.

Título original: *Tarot of The Divine: A Deck and Guidebook*. Publicado originalmente em Nova York, em 2020.

Todos os direitos reservados. Nenhuma parte deste livro e deste baralho poderá ser reproduzida ou transmitida de qualquer forma ou por quaisquer meios, eletrônicos ou mecânicos, incluindo fotocópia, gravação ou qualquer sistema de armazenamento e recuperação de informações, sem permissão por escrito do editor.

Grafia conforme o novo Acordo Ortográfico da Língua Portuguesa.

1ª edição, 2023.

Editores: Jair Lot Vieira e Maíra Lot Vieira Micales
Produção editorial: Karine Moreto de Almeida
Tradução: Daniel Moreira Miranda
Edição de texto: Fernanda Godoy Tarcinalli
Revisão: Brendha Rodrigues Barreto e Fernanda Villas Bôas
Ilustrações: Yoshi Yoshitani
Design original: Lise Sukhu
Adaptação da arte e Diagramação: Aniele de Macedo Estevo

Dados Internacionais de Catalogação na Publicação (CIP)
(Câmara Brasileira do Livro, SP, Brasil)

Yoshitani, Yoshi

Tarô do divino : baralho e livreto / Yoshi Yoshitani ; [tradução Daniel Moreira Miranda]. – São Paulo : Mantra, 2023.

Título original: Tarot of the divine.

ISBN 978-65-87173-29-0

1. Cartomancia 2. Tarô I. Título.

23-153222   CDD-133.32424

Índice para catálogo sistemático:
1. Tarô : Artes divinatórias :
Ciências esotéricas : 133.32424

Cibele Maria Dias – Bibliotecária – CRB-8/9427

mantra.

São Paulo: (11) 3107-7050 • Bauru: (14) 3234-4121
www.mantra.art.br • edipro@edipro.com.br
@editoramantra